L'AMÉRIQUE LABORIEUSE

L'AMÉRIQUE CROYANTE

CONFÉRENCE FAITE AU GROS-CAILLOU

DÉCEMBRE 1889

PAR

Le Comte G. des FRANCS

L'AMÉRIQUE LABORIEUSE, L'AMÉRIQUE CROYANTE

CONFÉRENCE

FAITE AU GROS-CAILLOU
Le 22 Décembre 1889

PAR

LE COMTE G. DES ETANGS

MESSIEURS, MES CHERS AMIS,

La tentation était trop forte ; je n'ai pu y résister ! Votre vénéré Pasteur, votre cher et zélé Directeur, qui veut bien être un de mes meilleurs amis, m'ont demandé de vous parler de l'Amérique, de ce pays dont le seul nom vous remet en mémoire les faits les plus étonnants du moderne Univers.

L'Amérique ! n'est-ce pas, à en croire nos déclamateurs contemporains, le pays de l'avenir, le type des gouvernements, le modèle idéal sur lequel doivent se mesurer toutes les puissances du monde, ces vieilles ruines dont aura bientôt raison le jeune continent ! A les entendre, ils ont tout vu, tout approfondi ; ils accablent de leurs oracles la foule béate des badauds, qui ne songent pas même à contrôler ces théories décourageantes pour les vieilles races, comme on nous appelle là-bas, au-delà de l'Océan. Ces politiciens, ces économistes en chambre n'ont rien vu, ne savent rien, ne veulent rien savoir. Pour eux, le mot d'ordre est le « *Mentez toujours* » de Ferney. Laissez-moi donc, mes chers Amis, vous dévoiler un peu l'imposture de ces faux savants. Venez avec moi, vous qui, simplement, fidèlement avez suivi la route indiquée d'une infaillible méthode par cette boussole sacrée, votre foi, celle de vos pères, *la Foi catholique*. Elle ne varie pas, cette boussole, les siècles ne l'ont jamais altérée, son aiguille toujours lumineuse vous dirige sûrement à travers les ténèbres les plus épaisses. *L'Amérique laborieuse, l'Amérique croyante*, voilà ce que je voudrais rapidement vous faire admirer. Ensuite vous me direz si les plus endurcis eux-mêmes peuvent encore douter que le travail ne soit vraiment efficace si une croyance inébranlable n'en est pas la base, une croyance dont les racines pénètrent au sein même de la Vie.

C'est le dimanche 24 juin que nous mettions le pied sur la terre de Christophe-Colomb. La traversée favorisée par un temps merveilleux nous avait ménagé toutes les surprises d'un enchantement continuel. Vous avez tous vus, au moins en peinture un transatlantique. Ce jour-là, la *Bretagne*, toute parée et brillante comme une mouette au soleil levant, entrait majestueuse dans ce port étonnant de New-York. Une foule houleuse nous attendait en avant des *docks* agitant ombrelles et mouchoirs. Nous tombons entre les griffes de la douane, une douane terrible comme seule peut l'être la douane d'un pays libre ! Cette maudite nous lâche juste à temps pour nous faire manquer la messe d'onze heures, la dernière du jour.

La chapelle française est fort triste, une pauvre baraque en bois qui tranche péniblement sur l'ensemble des coquettes églises vouées à tous les cultes protestants de tous les mondes. La chaleur est torride, quelques 52° centigrades. Les rues sont absolument désertes, pas de *cabs*, pas de cafés ouverts. Rien, que le silence, le recueillement qui convient au jour du Seigneur.

D'un bout à l'autre de l'Union, il en est ainsi. Le samedi à midi magasins, banques, bureaux de toutes sortes ferment leurs portes. Chacun vaque à ses occupations et rejoint sa résidense privée qu'il ne quittera plus avant le lundi matin. Les chemins de fer stoppent, les hôtels ne donnent à leurs hôtes que des repas à heures fixes. Tout arrête. Chacun se repose. Au nom de la Loi, malheur à qui ne s'y conforme pas strictement.

Le soir, nous obtenons pourtant de nous faire conduire chez un Irlandais de notre connaissance, le grand chef des œuvres catholiques ici.

Touché par la pénurie de ses compatriotes émigrant en fort grand nombre aux États-Unis, ce digne banquier ne s'avisa-t-il pas d'organiser en leur faveur un établissement de crédit populaire. L'« *Irish catholic emigrants' saving Bank* » fut constituée il y a vingt ans à peine ; son succès dépassa toute espérance. Aujourd'hui elle compte parmi les plus florissantes de New-York avec son bel hôtel de « *Chamber's street*» tout de granit, au *hall* immense tout de marbre, au milieu duquel une foule de petits *boxes* aux grilles de cuivre doré forment les bureaux divers. M. H..., le vénérable fondateur de ce bel établissement, préside lui-même à sa marche. Son *office*, à lui, est situé au fond du *hall*, avec la chambre du conseil ; de grands rideaux de velours vert tendus entre les colonnes de l'édifice le séparent seuls du reste des bureaux, qu'il peut à tout moment embrasser d'un seul coup d'œil. Les sous-sols de ce somptueux immeuble contiennent une réserve de 40 millions de dollars, si je me souviens bien, soit environ 200 millions de francs. Tant est grande la puissance du petit capital quand il forme les faisceaux de l'Union ! Cependant les Irlandais ne sont pas les plus nombreux sujets de l'émigration européenne aux États-Unis, les Irlandais catholiques surtout. Les Allemands arrivent en première ligne et à eux seuls représentent la bonne moitié de cette population. L'Irlande vient ensuite, puis la France, l'Italie, l'Angleterre, la Suède. Est-ce pauvreté de la Patrie qui ne peut plus nourrir ses enfants, est ce ambition, après les lauriers de la victoire, de recueillir les palmes réservées au vainqueur de cette lutte qui, pour être pacifique, n'en est pas moins ardente et se livre sans relâche dans ce pays de prodigieux essor ? Il y a peut-être de tout cela, mes cher Amis ; mais ce qu'il y a pardessus tout en ces hommes dont la Providence a fait nos plus mortels ennemis depuis un siècle tantôt, c'est le *Sentiment religieux*.

Vous vous les rappelez tous, vous qui avez eu le malheur de leur voir fouler les plaines de notre chère patrie où leurs armes impitoyables faisaient couler à flots le sang le plus généreux. Vous vous les rappelez ces hommes de fer, vous les avez vus, couverts de gloire, faire leur parade au sein même de notre capitale encore fumante sous les ruines de la veille. Vous vous les rappelez enfin, mes chers Amis, vous que les rigueurs de la défaite a rendus orphelins de votre patrie, de notre chère Alsace-Lorraine. Et tous en chœur vous criez : « Vengeance ! » Au premier coup de clairon, vous serez prêts. N'êtes-vous pas les petits-neveux de ces Gaulois qui faisaient trembler la vieille Rome au milieu de sa toute-puissance.

Mais, ne vous abusez pas, nos glorieux ancêtres marchaient sous l'étendard de la Croix, avec cette fière devise : « *In hoc signo vinces !* ». Sous ces enseignes divines vous serez triomphants ; au cri de « *Dieu le veut !* ». Avez-vous oublié cette légende gravée au front de nos modernes Teutons. « *Mit Got für Kœnig und Vaterland !* » Avec Dieu, pour le Roi et pour la Patrie ! — Avec Dieu ! Oui, mes chers Amis, le voilà bien ce Roi de la victoire, ce Roi des Rois, le Maître de l'Univers. *Avec Dieu, rien d'impossible; sans Dieu, rien de possible !*

Voilà le secret de toute la vie, pour l'individu comme pour la amille, pour la cité comme pour la nation ! Malheur à qui l'oublie.

Je vous ai décrit la Banque de secours des Irlandais catholiques de New-York, je vous ai dit son prodigieux développement; nous pouvons en faire le type de la banque populaire que nous voudrions voir à Paris. N'est-ce pas assez d'être devancé par les jeunes races du Nouveau-Monde, faut-il encore que les rivalités criminelles, les spéculations honteuses de la juiverie et de la franc-maçonnerie coalisées, la mollesse coupable, l'impéritie des hautes classes empêchent la réalisation d'un vœu si souvent renouvelé et toujours repoussé. Le besoin est grand ! Et que peuvent 100,000 sectaires contre 30 millions d'individus ? — A-t-on jamais vu scandale pareil? Ces 30 millions abdiquent tous leurs droits en faveur de ces 100,000 sectaires, remettant entre leurs mains crochues leur fortune et publique et privée ! Un tel abus dépasse toutes les bornes. Et, croyez m'en, ce ne sera pas impunément que nous tolérerons plus longtemps une semblable énormité. — Il faut rendre à César ce qui est à César !

Les bénéfices formidables et toujours croissants de « l'*Irish catholic emigrants' saving Bank* », sa réserve faite, ont décidé le digne M. H... à organiser tout un système d'établissements charitables, orphelinats, hôpitaux, etc., etc. Je n'ai pu visiter que les premiers; les autres sont à l'avenant. Fondateur moi-même d'un orphelinat agricole, vous comprendrez aisément la joie que je dus éprouver en visitant le « *New-York catholic protectory* ».

C'est, je crois bien, ce qu'on peut voir de plus beau dans ce genre, après l'Orphelinat Saint-Philippe toutefois, l'établissement merveilleux que, dans sa munificence, Madame la duchesse de Galliéra, a fait élever dernièrement au bord de la jolie forêt de Meudon. Un grand parc tout boisé et deux châteaux énormes, tout en briques bien rouges, aux multiples clochetons, aux grands

toits d'ardoises, coupés de mansardes, voilà l'ensemble de l'établissement. Une boucherie, une boulangerie, une blanchisserie,
une usine à gaz, des potagers et de vastes étables le complètent.
3,000 enfants y sont entretenus aux frais de la Banque de secours,
soignés par des Frères des Écoles chrétiennes et par des Sœurs
irlandaises. — 1.500 garçons d'une part, 1,500 filles de l'autre.
Devant la porte des garçons s'élève un fac simile de la belle statue
érigée à Rouen au bienheureux Jean-Baptiste de la Salle. Nous
pénétrons dans un parloir meublé selon toutes les règles du con-
fort *yankee*. Le cher Frère directeur a sorti toute sa bibliothèque.
Nous levons nos coupes en l'honneur de la France, des Frères, de
la Banque, de son vénéré Président et nous visitons les divers
ateliers.

Une cordonnerie superbe, munie de brevets spéciaux et faisant
de beaux bénéfices, une imprimerie, une ébénisterie du même
genre. Ces travaux n'empêchent point les classes et l'instruction
n'en est pas moins forte. Nous assistons à l'entrée au réfectoire ;
en 3 minutes les 1.500 convives sont installés, un seul Frère les
dirige du haut d'une chaire immense. Que de leçons à prendre là,
mais il faut passer !

Nous arrivons chez les filles pour l'heure du *lunch*. Les chères
Sœurs ont dressé une table somptueuse et nous servent un vrai
festin sablé de Champagne encore !.. Le travail et l'instruction
sont aussi bien combinés ici que chez les garçons ; les sténographes
m'intéressent particulièrement. Cette profession n'est guère connue
en France. Les journalistes à peu près seuls la pratiquent. Aux
États-Unis, on n'écrit pas : le télégraphe et le chemin de fer, pour
les affaires graves. Pour le courant on a les sténographes. Ainsi
que presque tous les autres, ce travail commence à 9 heures du matin,
finit vers 4 heures après-midi : appointements 15 à 20 dollars, 75 à
100 francs par semaine. C'est assez joli pour une jeunesse.

Saluons encore le *Catholic protectory*, la belle rade de New-
York où circulent aux feux du soleil couchant mille bateaux de toutes les formes, de toutes les dimensions, poussant les cris les plus
discordants de sifflets variant du grave à l'aigu le plus perçant, le
pont de Brooklyn dont le *Yankee* est si fier comme aussi de son

chemin de fer élevé, le Métropolitain, qui circule au-dessus de notre tête dans une foule de rues, perché sur des charpentes de sapins fort primitives et peu rassurantes; saluons aussi la cathédrale catholique dont les flèches toutes blanches s'élèvent étincelantes au-dessus de tous ces édifices de brique, de pierre noire ou de bois aux sombres couleurs. Et prenons le train pour Chicago.

Ces fameux express américains n'existent que dans les romans. Les manœuvres se font à presque toutes les stations, à un moment même je suis réveillé par des bruits de chaînes, de roues battant l'eau, des mouvements insolites. Il fait sombre. Je ne peux rien voir. C'est le fleuve que nous venons de passer à Détroit : on a chargé tout le train sur un bateau comme un simple ballot; de la sorte on économise un pont !

Un matin je me réveille dans la seconde ville de l'Union. C'est ici que l'Allemand règne en souverain ! L'élément anglais lui résiste péniblement et on peut prévoir le jour où Chicago sera un second Berlin, autrement florissant que le vieux Berlin du vieux monde et non moins dominateur. On sent un mouvement séparatiste très prononcé; à New-York, république semi-européenne, *ad instar*; Chicago, socialisme allemand; San-Francisco, monarchie parlementaire.

Chicago est néanmoins la ville *yankee* par excellence; c'est là que convergent tous les rayons les plus ardents de ce génie sans pareil. Le revolver y a encore souvent la parole, et la raison du plus fort y est certainement la meilleure. Le socialisme y fait des siennes, la dynamite et l'arsenic mettent souvent les patrons à la raison : tout comme aux pays des vieilles tyrannies, les infortunés auteurs de ces justes vengeances sont jugés sommairement et pendus haut et court. Voilà le dernier mot de la liberté démocratique ! Ceci est le revers de la médaille, mais voyons-en la face. Nous oublierons vite ces prémices que j'ai tenu à vous donner tout d'abord pour faire d'autant mieux ressortir à vos yeux toute l'énergie de l'élément civilisateur qui bientôt triomphera de ses dernières luttes avec la barbarie des premiers âges, cette barbarie qui se confond presque avec celle de la décadence.

Il y a vingt-cinq ans, un incendie ne laissait trace de la cité de

Chicago ; aujourd'hui elle renferme près d'un million d'habitants. Son industrie, son commerce peuvent rivaliser avec ceux de tout l'Univers. Elle est comme la porte de la grande Prairie d'où arrivent des troupeaux innombrables de bétail de toutes sortes. C'est le centre d'approvisionnement de ce Far-West immense dont la civilisation recule chaque jour la frontière, mais qu'elle ne parviendra de longtemps encore à peupler entièrement. J'ai si grande hâte de vous mener dans les lointaines régions des Montagnes rocheuses, que je passerai encore bien vite sur Chicago.

Vous connaissez tous à l'user les conserves de Chicago ! Le bœuf fumé, le porc salé, trychiné, mis en boîtes de fer blanc sous les noms les plus alléchants. Je ne peux en parler avec impartialité, en ayant usé beaucoup plus que je n'aurais voulu ; je vous laisse à les juger. Chose certaine, c'est que les plus grandes fortunes de la ville ont pris naissance dans ces officines puantes et prodigieuses. Les porcs y sont occis par millions. On les pousse dans une sorte de *box*, une griffe automatique les saisit hurlant par une patte de derrière et les amène à portée de leur supplicier tout habillé de rouge, ruisselant de sang et ne cessant un instant de faire aller un immense coutelas, de sa pierre à aiguiser au col des condamnés. La griffe impitoyable, sans s'arrêter une seconde, les précipite dans une chaudière d'eau bouillante. Une autre griffe les reprend et les confie à un appareil de couteaux fort ingénieux, d'où ils sortent rasés de main de maître. Beaucoup soufflent encore après ce terrible passage, quand une troisième griffe les ressaisit et les entraîne dans un atelier où ils sont mis en quartiers. Ils arrivent ensuite dans une glacière. On n'en sort leurs débris que pour les fumer, les empaqueter et les étiqueter. On en remplit des trains entiers pour tous les points de l'Univers. Rien n'est perdu et les moindres morceaux passent dans une sorte de moulin, sont mis en menue bouillie, introduits à l'aide de pompes spéciales dans les tripes. On en forme des chapelets sans fin de saucisses, saucissons, boudins et autres *cochonneries* salées, fumées à toutes les épices.

La tuerie des bœufs est moins intéressante et se pratique à peu de la même façon.

En sortant des *Stock yards*, nous traversons des parcs et des avenues superbes, longeant le lac, une vraie mer, d'un côté et de l'autre une ligne de villas, de *cottages* de tous les styles, plantés coquettement au milieu de pelouses soigneusement entretenues.

Le dimanche, à la messe, nous trouvons un étonnant spectacle; l'église pleine, mais à l'encontre de ce qui se passe chez nous, — deux tiers d'hommes pour un tiers de femmes. Et ces hommes sont graves, recueillis, beaucoup font leurs dévotions au complet, simplement, naïvement. L'explication de ce phénomène est très simple. L'homme, ici, est bien incontestablement le chef de cette organisation féconde; dans ce laborieux travail de la formation d'un monde nouveau, la femme n'est qu'une sorte d'accessoire. Tous ses efforts pour obtenir une émancipation contre nature sont *ipso facto* paralysés par tout ce qui l'entoure. L'éducation qu'elle reçoit ne suffit absolument point à l'armer comme il faudrait pour aller de pair avec le sexe fort. A ce régime aussi, l'homme devient bien plus réfractaire à l'action des passions; la lutte perpétuelle l'endurcit et le met constamment en face des grands problèmes de la création. Il comprend par là sa faiblesse; il reconnaît son Maître. Alors il est bien près de le servir; aussi le sert-il, en général, mettant son honneur à le faire dignement. Ce mouvement-là est naturel; la créature va au Créateur; plus elle est en danger, plus elle se rapproche de Lui. C'est un instinct que l'on rencontre au dernier degré de l'être. Il faut être Français du dix-neuvième siècle pour ne pas comprendre cela. O mes cher Amis, si vous pouviez voir ces hommes-là, si vous pouviez voir, même, chez les protestants de toutes sectes, le sentiment religieux qui les anime, vous comprendriez où ils puisent la force qui étonne l'Univers! Encore une fois, *rien n'est impossible avec Dieu, rien n'est possible sans Dieu!*

Mais, quittons Chicago, sa fumée infernale, ses odeurs d'un autre monde, et reprenons notre course vers l'Ouest. Un matin, comme je déjeunais au restaurant de mon train, j'entre en discussion avec le nègre qui me sert de maître-d'hôtel. Pour la dixième fois, je lui demande ma bouteille de bière; j'ai bien le temps de boire de l'eau, du thé, du café, du lait, dans la Prairie. Ma bouteille ne vient pas. Poussé enfin dans ses derniers retranchements, mon noir m'apprend que nous traversons l'état d'Iowa : sans ordonnance du médecin, impossible d'avoir jusqu'à la sortie de cet État la moindre goutte de boisson alcoolique. C'est la Loi : amende, prison et le reste lui donnent une sanction redoutable ! Vive la Liberté !...

Quelques jours après, je débarquais sur les rives de la *Chienne*, en pleine Prairie et je m'acheminais vers le *Ranch de Fleur-de-Lys*. Je retrouvais de jeunes compatriotes ; je n'étais plus en terre étrangère.

Ces braves jeunes gens, arrivés en face des nécessités de la vie, n'avaient pas hésité à rompre avec la mortelle routine. Frappés des merveilles qu'on leur disait du Far-West et de son élevage, ils s'étaient, un beau jour, embarqués avec quelques étalons de choix, l'ancien ordonnance de l'un d'eux et s'étaient établis au pied des Montagnes rocheuses.

A force de patience et d'énergie, ils triomphèrent de toutes les difficultés, reçurent dans leur hutte un nouveau compagnon séduit par leur exemple ; charpentiers, maçons, terrassiers, tour à tour, ils élevèrent de leurs blanches mains leurs première baraque. Bravant le chaud, bravant le froid, ils prirent possession de terrains fort étendus. Au printemps, ils avaient réuni quelques capitaux achetaient des juments et commençaient la rude vie de *cow-boys*. Cet été, vous avez pu voir les beautés de cette existence dans les mises en scènes de *Buffalo-Bill*. Mais ce qui est très-joli à la porte de Paris, l'est infiniment moins, je vous assure, à deux cents milles de tout chemin de fer. Cette impression, que nous éprouvons, est partagée par ceux-là mêmes qui sont nés dans ces tristes solitudes. Deux anciens *cow-boys* de *Fleur-de-Lys*, engagés dans la troupe de *Buffalo-Bill*, nous l'avouaient cet été. Nos braves jeunes gens arrivaient cependant à former une société importante et augmentaient sensiblement leurs juments et leurs étalons. Une maison de bois, de type français, s'éleva auprès de la pauvre cabane qui les avait abrités pendant deux ans contre les rigueurs d'une température oscillant entre —40 et + 50 degrés centigrades. Un potager et deux grandes écuries complétèrent le *home-ranch*, la demeure du *ranch*, le centre du domaine sur lequel sont installées nos bandes de juments.

Nous sommes cachés dans les premiers contreforts des Montagnes noires qui rompent la monotonie de cette plaine désolée au milieu de laquelle elles s'élèvent brusquement. La verdure foncée de leurs pins Douglas tranche singulièrement sur le tapis jaunâtre de la Prairie ; des rochers crénelés émergent de la forêt comme les remparts d'une citadelle gigantesque. Ces sommets étaient apparement des îles au milieu de la mer qui recouvrait toute la grande Prairie et, par les lacs Michigan, Ontario, puis le Saint-Laurent, se reliait à l'Océan Atlantique. On ne peut guère expliquer autrement l'absence complète de végétation arborescente et les ruptures de terrains si diverses, si surprenantes, qu'on rencontre à chaque pas et qu'on appelle ici des *Canons*.

Faut-il vous parler de l'élevage, vous dire toutes les difficultés qu'on éprouve à retenir sur un point même très-étendu, une quantité d'animaux venant de toutes les directions, les allées et venues sans fin de ces étonnants *cow-boys*, toujours à cheval, toujours en face d'eux-mêmes et de leurs bandes, arpentant la plaine en tous sens, muets, graves, ne saluant personne même des rares humains qu'ils peuvent rencontrer ? Faut-il vous dire comment nos malheureux chevaux grattent la neige pour se repaître l'hiver d'une sorte de mousse séchée, le *buffalo-grass*, qui compose toute leur alimentation pendant les plus grands froids. Les étalons seuls sont traités avec tous les honneurs dus à leur belle race. L'été est la saison vivante du *ranch*. Dès la fin d'avril on rassemble les juments, on les garde à vue jour et nuit. Les poulains naissent, les naissances de l'année suivante se préparent. L'étalon, en vrai pacha, circule fièrement dans sa bande et, toujours au guet, ne laisse approcher personne. A peine les *boys* de service peuvent-ils sans danger faire leur besogne. En août, on sépare les poulains d'un an, on les castre, on en forme une bande spéciale qu'on pousse sur un point du *ranch*. On marque les poulains de l'année au fer rouge ; on prend les chevaux de 3 ans à mettre au dressage ; enfin on chasse les bandes dans les parties les plus herbeuses afin de les bien fortifier avant les premiers froids. A partir de ce jour elles sont livrées à elles-mêmes ; les *boys* sont beaucoup moins nombreux au *ranch*. Leur service ne consiste plus qu'à faire une ronde quotidienne pour s'assurer que personne ne lève le pied. Sur une étendue de 50,000 hectares, comme ici, ce n'est pas mince besogne et cependant ces demi-barbares s'en acquittent avec une fidélité prodigieuse.

Après nos travaux, nous faisons quelques excursions aux environs. Notre plus prochaine paroisse est à 80 milles. Nous y allons un dimanche pour la messe. Dans cette région, il y a dix-sept hommes pour une femme. C'est dire qu'on ne trouve de femmes que dans les villes. Malgré cela je parie bien qu'à l'office nous avons encore les deux tiers de l'assistance en hommes. Toujours les mêmes causes, les mêmes effets. Rien ne vaut la mort toujours menaçante pour vous rafraîchir la piété. Au sermon, il y a presque autant de protestants que de catholiques. C'est comme une conférence que tous suivent avec le plus grand intérêt et qui, longtemps après, fait encore le sujet favori de la conversation.

Un autre jour, nous faisons visite aux Sioux, nos voisins. Ces Messieurs étaient fort excités contre les *Yankees* qui voulaient en ce moment faire passer un chemin de fer à travers la réserve, contrairement aux traités. Nous ne pûmes obtenir d'aller jusqu'à Pane-rich, la capitale de cette réserve qui compte environ 40 000 habitants. Ce chiffre tend considérablement à baisser et rien n'est meilleur que le régime de la colonisation américaine pour amener ce résultat jusqu'à complète extinction. Ces malheureux, dont l'activité entretenait l'énergie, sont désormais voués à l'inertie la plus énervante. Plus de *Buffalos*, plus de chasse ; plus assez d'espace pour prendre leurs ébats ; ils sont confinés dans d'étroites limites, gardés comme des bêtes féroces par une ceinture de forteresses. Mais l'Union compte bien plus sur ses dollars que sur ses armes pour parfaire son œuvre de destruction. Coloniser n'est pas œuvre d'affranchi et quoi qu'il fasse, le *Yankee* est bien encore l'affranchi d'hier, prenant sa revanche de l'oppression, qu'il a cru souffrir, sur de malheureux êtres qui n'en peuvent mais. Dans les combats, il n'est pas fort ; l'esprit d'égalité, le mode de recrutement des milices, les éléments hétérogènes qu'on y réunit, tout s'oppose à la formation d'une armée vraiment redoutable. Il y a quelques années les Indiens occupaient toute cette région; ils infligèrent aux neveux de l'*Uncle Sam* les plus rudes échecs. Dans toutes les boutiques vous voyez encore des photographies représentant divers champs de batailles. L'une d'elles me frappe particulièrement : un milicien tenant un cheval par le licol au milieu d'un monceau de cadavres. Une longue légende, au bas de l'image nous apprend que ce cheval, percé de vingt et quelques balles, est le seul survivant de la bataille livrée tout récemment près de Custer, chef-lieu de notre comté. Plus originaux que fiers, ces *Yankees*, n'est-ce pas ? C'est donc à coups de dollars qu'ils luttent contre les derniers Sioux, qu'il corrompent moralement et physiquement. Chaque réserve est devenue comme un vaste bureau de bienfaisance, les *officiers* de l'Union distribuent régulièrement des provisions de toutes sortes : vêtements, conserves, farines, boissons, bétail, etc. etc. Le *whisky* coule à flots dans ces distributions; c'est l'agent le plus actif de la colonisation *yankee*. Quelle jolie comparaison à faire avec le procédé si opposé qu'il nous a été donné d'admirer au Canada ! Mais, je n'ai plus que le temps bien vite de vous faire traverser le nord de la Prairie à la chasse de l'antilope légère, et de vous introduire dans une mine du Far-West.

Nos bandes installées, je voulus goûter pendant quelques jours la vie du nomade. Un beau matin nous nous mettons en route. Un *wagon* ou chariot attelé de quatre mules est chargé de provisions de toutes sortes. Notre cuisinier du *ranch* et mon malheureux valet-de-chambre, sont installés au milieu de tous les paquets. Lentement, nous cheminons en file indienne, dans la montagne, sous les pins d'abord, et puis, un jour, deux jours se passent. Nous avons franchi les Montagnes noires, la Prairie désolée s'étend à perte de vue devant nous. Plus âme qui vive ! Seuls, quelques groupes de vaches effarées se voient au loin ou bien quelque nuage à l'horizon nous trace la route d'un convoi de bétail qu'on pousse vers la gare la plus prochaine. Du Montana, il y a plus de 200 milles à faire ainsi. On met un mois ou six semaines pour accomplir cet exode ; les animaux, malgré cela, perdent au moins 100 livres de leur poids.

Je ne vous parlerai pas du campement ; tous il vous est arrivé de coucher à la belle étoile ou sous la tente, au régiment. A part la précaution d'entourer le camp de *lassos* de crin pour se garer de la visite peu recherchée des serpents à sonnettes, et d'allumer un grand feu, pour éloigner les *coyottes*, ou grands loups en quête de viande fraîche, il n'y a pas grande différence avec ce que vous avez pratiqué vous-mêmes.

Chaque jour, en quelque sorte, nous faisons une étape. Vers dix heures, nous changeons de chevaux et nous nous mettons en chasse jusqu'à midi ou une heure. Nous reprenons après le *lunch*. Quant à la chasse elle-même, voici comment elle se pratique. Armé d'une bonne jumelle, d'une carabine *Winchester*, de l'inséparable revolver, vous chevauchez paisiblement à travers la plaine. Découvrez-vous au loin un daim, une antilope, vous mettez pied à terre ; vous déroulez la corde suspendue au cou de votre monture et vous fichez en terre l'espèce de tire-bouchon qui la termine. Puis, en vous dissimulant de votre mieux, vous approchez l'animal autant que possible. On ouvre le feu à 250 ou 300 mètres généralement. Le menu gibier, lapins, poules de prairie, de sauge, sarcelles, etc., est peu farouche d'habitude tant qu'il n'a pas mesuré la portée de votre plomb. Ensuite il est inabordable. Il faut lever le camp et aller plus loin.

Quand on a mené ainsi la vie de trappeur pendant trois semaines, ce n'est pas sans quelque satisfaction qu'on revoit la première hutte abritant un humain. Nous sommes sur le « *S.-N.-G. ranch* ». On veut *luncher* sur le bord du *Beawer-Creek*, le crick des Castors ; je le connais suffisamment pour mon compte, et me hâte de rejoindre le *home ranch* où enfin je retrouve une cuisine très-appréciée, toute rudimentaire qu'elle soit.

Quelques jours après nous quittions de nouveau *Fleur-de-Lys* pour visiter les curieuses mines de Deadvood et du *Home Stake*. Ce sont des mines d'or ; le cuivre, le plomb, l'argent, l'étain se trouvent en abondance dans ce pays merveilleux où vous rencontrez sans cesse quelque trésor naturel ; le charbon est à fleur de terre, les sources de pétrole jaillissent. Toutes ces richesses seront sans prix tant que les nécessités du commerce n'amèneront pas jusque-là le double ruban de fer qui suffirait à immortaliser notre siècle. L'or seul est exploité, les Anglais ont accaparé l'étain pour éviter une concurrence dangereuse à leurs minerais de Cornouailles.

Deadvood est enseveli sous une épaisse forêt de pins, au fond de gorges profondes. Nous y arrivons par une trace assez praticable ; il n'y a pas de route évidemment. Au moment du départ, la place que j'avais retenue à côté du *coachman* était occupée. Pour simplification, je m'installai au sommet du *coach* dans une posture assez semblable à celle du convoyeur défendant le *stage-coach* de *Buffalo-Bill*, qui est bien la reproduction fidèle de toutes les machines roulantes, attelées de six fort chevaux de l'Est et destinées là-bas au transport des humains.

Nous retrouvons à Deadevood un missionnaire canadien, qui a passé huit ans en France. Le bon Père connaît toutes les mines par le menu ; il nous acompagne dans notre expédition. Ce n'est pas petite affaire que d'explorer une mine d'or, aux Blachs-Aills!

Le chapeau à la lanterne du mineur n'y est pas connu et les galeries sont étayées d'une façon fort primitive. Nous commençons par descendre deux ou trois étages avec des échelles roides, fort peu rassurantes. Puis, les échelles cessent, il faut descendre dans le puits à même, sur les débris de quartz fuyant sous le pied et roulant de toutes parts. Au bout d'une bonne heure, nous sommes à treize cents pieds sous terre. Le travail est celui de toutes les mines ; après un moment de repos, nous prenons un baquet qui sert d'ascenseur et nous hisse tant bien que mal aux ateliers où les quartz sont traités.

Une quantité d'énormes pilons à vapeur les mettent en morceaux, en poudre même ; on les soumet à un lavage énergique puis on les fait passer sur de grandes tables inclinées et couvertes de mercure. L'or s'amalgame seul avec le mercure et le quartz s'en va. On sépare ensuite les deux métaux amalgamés, on fait des lingots de l'or et on l'envoie sur Chicago ou sur Denver.

Mon compagnon de route est actionnaire d'une mine voisine de Deadwood. Nous nous décidons à y faire un tour. Je ne sais pour quelle fête nous arrivons à l'*U. S. Mine*. Mais, ce que je n'ai pas oublié, mes chers Amis, c'est la leçon que nous donnaient les habitants de cette Mine réunis autour de leur *président* ou *manager*, comme on dit là-bas, et priant ! Le travail était interrompu et le père P.... lisait à haute voix l'office du soir. C'est le refrain que je vous annonçais, mes chers Amis. Ces gens-là puisent toutes leurs forces à sa vraie, et à sa seule source. Pour la troisième fois : RIEN D'IMPOSSIBLE AVEC DIEU ; RIEN DE POSSIBLE SANS DIEU !

Je n'en finirais pas si je voulais vous dire tout ce qui est à dire sur cet inépuisable sujet. A quelques jour de là, nous faisions nos adieux au Far-West pour reprendre le chemin de Chicago et du Canada. Je ne vous parlerai pas de cette autre France, de son admirable population. Je veux cependant saluer au passage ces courageux défenseurs de nos vieilles traditions qu'ils ont emportées dans leurs pénates neigeuses, qu'ils gardent comme leur plus précieux trésor, qu'ils ont fécondées de tout ce qu'on peut trouver de plus généreux dans la pure alliance de la foi catholique, avec l'inépuisable génie du *Yankee*. Une ou deux citations suffiront à vous édifier sur la puissance de cette glorieuse union : de 10.000, ils sont devenus trois millions en cent ans à peine ; hier, ils inauguraient leur transcontinental, abrégeant de deux jours et demi la traversée du continent américain de Montéral à Vancouver, entrant ainsi directement en lutte avec les Etats-Unis. Qu'ils sont beaux ces quelques pieds de neige ! Que de regrets n'inspirent-ils pas, que de réflexions, en les comparant à nos meurtrières colonies de la Chine et de la Cochinchine !

Il est temps de nous arrêter dans nos lointaines perégrinations, de revenir à nos moutons. Vous avez vu successivement toutes les bassesses et toutes les grandeurs des Etats-Unis. Les premières, à quelques exceptions près ne sont que les misères communes à l'humanité toute entière. Les secondes semblent, au contraire, dépasser de beaucoup l'ordinaire. Faut-il en chercher bien loin la raison ? Vous l'avez devinée sur-le-champ, mes chers Amis. Cette source féconde, elle est visible à tous, elle déborde de toutes parts. Qu'ils sont donc à plaindre ceux qui se refusent à laisser tomber sur eux sa bienfaisante rosée ! Ils ont des yeux et ils ne voient pas; Ils ont des oreilles et ils n'entendent pas ! Ils sentent tout craquer sous leurs pas, et, pauvres créatures, ils prétendent tout refaire avec leur orgueil insensé ! Qu'ils se perdent, c'est un malheur que nous devons déplorer.

Mais ce que nous ne pouvons tolérer à aucun prix, c'est qu'ils nous imposent leurs lois sataniques. Sous peine de lâcheté, mes chers Amis, nous avons l'impérieux devoir de conjurer de toutes nos forces et par tous les moyens en notre pouvoir, un semblable fléau !

Nous sommes le Droit ! Nous sommes le Nombre ! Qu'attendons-nous ?

Oh ! je vous en conjure, Ouvriers chrétiens et français, levez la tête, serrez vos rangs ! Vous, qui n'avez jamais reculé devant l'ennemi de votre vie corporelle, reculerez-vous devant ces ennemis infiniment plus dangereux de votre vie éternelle ?

Votre sort est dans vos mains ; vous avez le bonheur de croire à Dieu, à sa sainte Église. Serez-vous longtemps encore les esclaves ou les jouets infortunés de cette honteuse coalition de Juifs et de Francs-maçons que tous les vrais républicains de tous les mondes conspuent rigoureusement au profit de la vieille Europe. Souffrirez-vous longtemps encore que les destinées de votre Patrie, de votre Famille, que vos intérêts publics et privés, que votre vie toute entière demeurent aux mains de ces suppôts de l'enfer !

Non, je ne puis le croire ; le bandeau qui vous aveuglait est tombé, vous avez compris la nécesssité du *retour* à l'Auteur de toutes choses, vous avez compris la nécessité de *l'union* pour rendre vraiment fécond le génie sans rival que le Ciel vous a donné, à vous, les enfants de la Fille aînée de son Église. Vous avez compris, mes chers Amis, qu'à ce prix seul nous reprendrons dans le monde ce rang qui est le nôtre par les droits de l'âge, par le droit des plus grandes gloires. Relevons donc le drapeau de nos pères et marchons sans faiblesse!

« Vive le Seigneur et vive le Roi, mon Maître! En quelque état que vous puissiez être, mon Seigneur et mon Roi, vos serviteurs y seront à la mort et à la vie ! »

ETANGS.

1215-90 — Auteuil. — Imprimerie des Apprentis-Orphelins Roussel, 40, rue La Fontaine.